LIÈRE BEAUCLERC & PAUL GOSSERET

LE
SECRET DE PIERRE

DRAME PATRIOTIQUE EN UN ACTE.

LILLE,
IMPRIMERIE L. DANEL.

1888.

LE
SECRET DE PIERRE

Drame patriotique en un acte

PAR

Eug. LAGRILLIÈRE-BEAUCLERC

ET

Paul COSSERET.

LILLE,
IMPRIMERIE L. DANEL.

—

1888.

DISTRIBUTION DES ROLES.

PIERRE..........................	M^{rs}	VAST.
FRANTZ MULLER		MOREL.
FISCHER		QUETTIER.
JEANNE.........................	Mmes	DEBAUDE.
BRIGITTE		VIORRON.

Le théâtre représente une des salles de la maison d'un maître d'école. Porte au fond. Deux fenêtres donnant sur la route. Porte côté cour. Porte côté jardin.

La scène se passe en Alsace en 1880, dans un village voisin de la frontière.

Cette pièce a été représentée pour la première fois sur la scène du Grand-Théâtre de Lille, le 15 juin 1888.

LE SECRET DE PIERRE

SCÈNE Ire.

JEANNE, BRIGITTE.

BRIGITTE (*à la fenêtre*).

Monsieur Muller se sera sans doute attardé à rêvasser le long des chemins. Chaque fois qu'il va flaner sur la route de Münster, il en revient plus triste et plus sombre. Vous devriez l'empêcher d'aller par là, Mademoiselle.

JEANNE.

Que veux-tu ! ma bonne Brigitte, Il trouve là des souvenirs, et malgré lui, c'est toujours de ce côté qu'il va, quand je ne l'accompagne pas dans ses promenades.

BRIGITTE.

Je vous demande un peu si ça a le sens commun ! Un homme de son âge ! Au lieu de profiter du grand air des champs, qui ragaillardit, il se contente de faire les cent pas le long du mur bordant le bois de Fayol., un vieux mur à moitié démoli, et il en regarde les crevasses pendant des heures..... Ça n'est pas cela, à coup sûr, qui peut le rendre gai.

JEANNE.

Hélas !

BRIGITTE.

Ah ! oui........., je sais........., les vieilles his-
toires ! Mais est-ce que tout le monde n'a pas quelque
chose à regretter ! Ça n'est pas une raison parce qu'on
a eu du chagrin le lundi, pour pleurer pendant le res-
tant de la semaine.

JEANNE.

Mon pauvre père dit souvent que la vie est faite de
deuils !

BRIGITTE.

Des bêtises !......... Votre père n'a en tête que des
idées noires. Il ferait beaucoup mieux de penser un
peu moins au passé et un peu plus au présent.........
Et le présent, c'est mon rôti qui brûle.

JEANNE.

Oh ! il peut brûler ton rôti ! mon père ne songera
guère à t'en faire des reproches.

BRIGITTE.

C'est justement ce qui m'exaspère. Dans le temps,
quand il rentrait en retard, je lui servais de la viande
qui ressemblait à de la semelle. J'espérais, par ce
moyen, le rendre plus régulier. Ah bien oui !......

JEANNE (souriant).

Il ne s'en apercevait même pas.

BRIGITTE.

J'ai dû renoncer à faire exprès des plats trop cuits,
mais aussi, voilà trente ans que je suis à son service,
et ça fait juste trente ans que je ne dérage pas.

JEANNE.

Aujourd'hui, son retard commence à m'inquiéter.

Le soleil est déjà très bas sur l'horizon. Il va bientôt
faire nuit.

BRIGITTE.

Et moi qui ai soigné le dîner, pour.........

JEANNE.

Pour ?

BRIGITTE.

Parce que.......

JEANNE.

Parce que quoi ?.........

BRIGITTE.

Vous n'attendez personne ce soir, Mademoiselle
Jeanne ?

JEANNE.

Comment sais-tu.........

BRIGITTE.

Est-ce que vous croyez que je ne vois pas, depuis
longtemps, de quoi il retourne. Pierre, le fermier des
Bordes, vous regarde avec des yeux qui en disent
long.

JEANNE.

Mais.........

BRIGITTE.

Et vous n'avez pas du tout l'air de le décourager..,
au contraire.

JEANNE.

Brigitte !

BRIGITTE.

Il n'y a pas de Brigitte qui tienne ! Vous l'aimez et
il vous le rend bien, ça se voit assez. Et comme il y
a longtemps que cela dure, il faut bien, n'est-ce pas,
que cela finisse.

JEANNE (*confuse*).

Je ne comprends vraiment pas, Brigitte.........

BRIGITTE.

Taratata ! moi, je comprends très bien. Pierre est un brave et honnête garçon, digne d'être votre mari, et c'est tellement votre avis que pas plus tard qu'avant-hier, il a été convenu entre vous, qu'il viendrait ce soir même, demander votre main à votre père. Voilà pourquoi, j'ai tant soigné mon dîner.

JEANNE (*riant*).

Décidément, tu es très au courant, mais....., sais-tu ce que cela prouve ?

BRIGITTE.

Dites toujours.

JEANNE.

Eh bien ! cela indique que Madame Brigitte, ici présente, est passablement curieuse.

BRIGITTE.

Moi, curieuse ! je crois bien ! quand il s'agit de vous, du bonheur d'une enfant que j'ai élevée, que j'ai vu grandir autour de moi, que je n'ai jamais quittée depuis sa naissance, vous comprenez que j'ouvre l'œil !

JEANNE (*finement*).

Et l'oreille.

BRIGITTE.

Ah dame ! ....

JEANNE (*regardant l'horloge*).

Déjà cinq heures.!....... Il n'y a pas que mon père qui soit en retard.

BRIGITTE.

Oh ! ne craignez rien ! ils viendront tous les deux ,
et je parierais bien que le jeune arrivera avant le vieux.
En attendant , je vais faire un tour à la cuisine.

SCÈNE II.

JEANNE.

Cette bonne Brigitte ! Elle a pour moi des yeux de
mère , et rien de ce qui m'intéresse ne la laisse indif-
férente !.........

Et moi qui croyais lui faire une surprise en lui
annonçant mon prochain mariage ?......... Mais , à
propos de mariage , je trouve que mon fiancé tarde
bien à venir. Tout le monde est en retard aujourd'hui !
Après cela , c'est peut-être mon cœur qui est en
avance. (*On frappe*). Ah ! le voici , sans doute.

SCÈNE III.

JEANNE, FISCHER.

JEANNE (*en apercevant l'étranger, recule étonnée*).
Ce n'est pas Pierre !

FISCHER.

C'est bien ici que demeure M. Frantz Muller, le
magister de la commune ?

JEANNE.

Oui , Monsieur.

FISCHER.

Je voudrais lui parler sur le champ.

JEANNE.

Mon père n'est pas encore rentré , mais...... il ne tardera pas. Je l'attends d'un instant à l'autre.

FISCHER.

En ce cas , je reviendrai plus tard.

JEANNE.

Ne puis-je pas , Monsieur, me charger d'une commission pour lui ?

FISCHER.

Inutile !........

JEANNE.

Comme il vous plaiera.

FISCHER.

Vous pourrez toutefois le prévenir que c'est le délégué du gouverneur d'Alsace-Lorraine qu'il aura l'honneur de recevoir tout-à-l'heure.

JEANNE (*s'inclinant*).

Il suffit , Monsieur.

(*Fischer sort.*)

Quelle étrange figure ! Cet homme m'a presque fait peur ! Que peut-il vouloir à mon père ?......

(*On frappe.*)

Enfin ! c'est Pierre.

SCÈNE IV.

JEANNE , PIERRE.

PIERRE.

Bonjour, ma Jeanne.

JEANNE

Bonjour, mon bon ami.

PIERRE.

Et ton père ?.........

JEANNE.

Il n'est pas à la maison , mais il ne tardera pas à rentrer. Comme tu viens tard, Pierre !

PIERRE.

Il faut m'excuser Jeanne ! La démarche que je vais tenter me donne de telles émotions, que-j'ai dû faire un grand tour à travers champs , pour calmer un peu le battement de mes artères. Depuis ce matin , j'ai la tête en feu. Les idées les plus biscornues se heurtent dans ma cervelle. Je viens demander à mon vieux maître d'école, le bonheur de ma vie, et..........j'ai peur.

JEANNE.

Peur ! D'où te viennent ces angoisses ! Mon père te connaît depuis longtemps. Il t'estime beaucoup......, comme tout le monde ici, du reste, que peux-tu avoir tant à redouter ?

PIERRE.

Je ne sais ! mon émotion n'est pas raisonnée , j'en conviens, mais je t'aime tant, ma Jeanne, qu'au moment de demander ta main, je suffoque à la pensée qu'elle pourrait m'être refusée.

★

JEANNE.

Calme-toi, mon bon Pierre ! mon père n'est pas un croquemitaine, tu le sais bien, et comme il veut avant tout, mon bonheur, il dira oui.........., et de grand cœur, j'en suis certaine.

PIERRE.

Tu me rassures. ...., tiens ! .... cela va déjà mieux......., je tremble moins........., vois-tu ?. ....

JEANNE (*lui prenant la main*).

Quel grand enfant tu fais ! toi, si fort, si énergique en d'autres circonstances.

PIERRE.

Energique, oui............, avec les hommes mais quand il s'agit de toi, c'est autre chose, J'ai mis trois ans avant d'oser te déclarer que je t'aimais !

JEANNE (*riant*).

J'espère que tu n'en mettras pas trois autres pour demander ma main. Du reste, quand papa rentrera, je me retirerai pour te laisser lui parler, mais......, je serai là (*d'un geste elle indique la porte de gauche*), tout près de toi. Comme cela, tu ne seras pas seul.

PIERRE.

Merci, ma bonne Jeanne.

JEANNE.

Et maintenant, venez vous asseoir là, Monsieur, que je vous gronde.

PIERRE.

(*Il s'assied auprès d'elle et lui tient les mains*).

Me gronder ! Pourquoi ?

JEANNE.

Parce qu'il est très vilain, de la part d'un fiancé,
de faire attendre sa future petite femme. Oh ! je sais
que vous allez encore me répéter que l'émotion seule
est la cause de votre retard, mais vous auriez pu être
tout aussi ému et venir un peu plus vite.

PIERRE.

Certainement..... si j'avais pensé.....

JEANNE.

Si vous aviez pensé quoi ?

PIERRE.

Que Monsieur Muller n'était pas chez lui, je.....

*(Brigitte entre à ce moment ; elle a entendu
les derniers mots).*

SCÈNE V.

Les Mêmes, BRIGITTE.

BRIGITTE.

Voyez-vous cela ?

*(Elle traverse la scène et va vers le buffet.—Pierre
la suit des yeux, mais il ne dit plus rien).*

Il paraît qu'il n'y a pas que le papa qui le gêne !
Tous les mêmes, les amoureux ! Il leur faut la soli-
tude pour jaser à l'aise.... Après çà..... de mon
temps, c'était déjà la même chose. Il paraît que les
jeunes gens n'ont pas changé depuis.

(Elle sort).

SCÈNE VI.

JEANNE, PIERRE.

JEANNE.

Eh bien ! quoi ! tu ne dis plus rien ? Brigitte aussi,
te fait-elle peur ?

PIERRE.

Ai-je donc besoin de parler encore, ma Jeanne,
pour te dire l'amour dont mon cœur est plein ! Mes
yeux ne t'ont-ils pas fait connaître tout ce que mes
lèvres ont essayé si longtemps de cacher ! Avec ton
instinct de femme, tu avais deviné l'adoration muette
dont tu étais l'objet, car, le jour où, dans une minute
de courage, je t'ai fait l'aveu de mon amour, tu m'as
écouté sans surprise et j'ai bien compris, au joli sourire de ta bouche, que tu savais tout.

JEANNE.

Oh ! il ne fallait pas une grande perspicacité pour
deviner cela. La preuve, c'est que je ne suis pas la
seule à m'en être aperçue.

PIERRE.

Ton père saurait-il.....

JEANNE.

Mon père, j'en doute, mais Brigitte, j'en suis sûre.

PIERRE.

Pourtant......

JEANNE.

Tu ne lui as pas fait de confidence ! Je te crois
sans peine.

PIERRE.

Décidément, je suis un triste amoureux qui ne sait même pas dissimuler, aux yeux des autres, les sentiments qu'il éprouve.

JEANNE.

Tu ferais un mauvais diplomate, mon pauvre Pierre.

PIERRE.

Oui, mais je crois que je ferai un bon mari.

JEANNE.

Qui n'aura jamais de secrets pour sa petite femme.

(*Elle va vers la fenêtre*).

Mon Dieu comme mon père est en retard, ce soir.

PIERRE (*à part*).

Jamais de secret ! a-t-elle dit. Hélas ! Il en est un pourtant qui m'étouffe et que je dois cacher..... pendant combien de temps encore !

SCÈNE VII.

LES MÊMES, FRANTZ MULLER.

MULLER.

Enfin ! me voici revenu..... Tiens ! tu es là, Pierre ?

PIERRE.

Oui, maître ! Je passais tout à l'heure devant votre porte et.....

**

MULLER.

Bien ! Bien ! mon garçon. Tu sais que je suis toujours content de te voir.

JEANNE.

Comme tu m'as donné de l'inquiétude, père ! Ton absence s'est prolongée pendant près de trois heures.

MULLER.

C'est vrai ! Je suis allé jusqu'au bois de Fayol et je me suis un peu attardé. Je regardais de là, les blés que le soleil couchant commençait à dorer de reflets fauves et je me souvenais que sous cette moisson d'épis il y avait le charnier où furent ensevelis tant des nôtres, pendant la fatale guerre.

Aujourd'hui, plus rien ne rappelle aux regards l'hécatombe sinistre, mais moi qui ai vu ces choses, quand vient la tombée du jour, il me semble parfois que les vapeurs montant de la terre chaude sont des buées de sang et mon oreille perçoit, dans le frisson du vent passant sur les gerbes, comme un bruit de plaintes étouffées. C'est une bouffée du passé qui me revient.

PIERRE.

Vous avez tort, maître, de ne point essayer de chasser de votre esprit ces papillons noirs.

MULLER.

A mon âge, vois-tu, mon enfant, on vit beaucoup avec les souvenirs. Les miens ne sont point gais, j'en conviens, mais je suis un vieux bonhomme à qui il faut pardonner ses tristesses.

JEANNE (*s'approchant*).

Ne suis-je donc pas là, père, pour vous consoler.

Votre Jeanne ne compte-t-elle donc plus pour vous,
que vous n'avez pas même un sourire à son adresse.

MULLER (*l'embrassant au front*).

Chère petite !

JEANNE,

Je ne veux plus du tout que vous alliez ainsi vous
promener seul du côté de ce bois de Fayol où se
trouve votre horrible champ..... Et, vous savez, père,
j'ai dit : je ne veux plus !..... et comme je suis une
enfant très gâtée, je boude si vous y retournez.

MULLER.

Allons ! Je n'irai plus de ce côté puisque tu me le
défends.

JEANNE.

Et vous me promettez aussi de ne plus penser à
toutes ces vilaines choses. Je veux que vous soyez
gai..... très gai !

MULLER.

Oh ! très gai !.....

JEANNE.

Certainement. Puisque vous ne songerez plus au
passé, vous n'aurez plus à vous affliger. Le présent
n'a rien de bien triste.

MULLER.

Ah oui ! Parlons en du présent ! En traversant le
village, j'ai encore appris une jolie nouvelle.

PIERRE.

Une nouvelle ?.....

MULLER.

Il paraît que l'ancien maire, un enfant du pays, ne
plaisait qu'à demi aux autorités, car on l'a, comme

tu sais , révoqué ces jours derniers. Or, en attendant
la nomination de son successeur, le gouverneur doit
envoyer ici un fonctionnaire pour administrer provi-
soirement la commune.

JEANNE.

Tiens ! mais c'est juste ! Et moi qui oubliais. ...

MULLER.

Quoi donc ?

JEANNE.

Le fonctionnaire en question est arrivé.

MULLER.

Qui te l'as dit ?

JEANNE.

Je l'ai vu.

MULLER.

Quand cela ?

JEANNE.

Tout à l'heure.

MULLER.

Est-il donc venu ici ?

JEANNE.

Oui..... et il doit revenir aujourd'hui même.

MULLER.

Hélas ! pourquoi mes fonctions de secrétaire de
mairie m'obligent-elles à être en rapport avec cet
homme !

PIERRE.

Vous en parlez sur un ton de colère ! Le connaissez-
vous donc ?

MULLER.

Non ! mais on m'a dit tout à l'heure que c'était un

fonctionnaire zélé jusqu'à la cruauté. Il a fait ses preuves autre part. On prétend qu'il y a en lui du sbire propre à toutes les basses besognes C'est pourquoi j'éprouve une sorte de répulsion à faire sa connaissance.

JEANNE.

Mon père... .

PIERRE.

Surtout, maître, n'allez pas commettre quelque imprudence ! Nous sommes ici en pays conquis et il en coûte parfois cher de lever trop haut le front.

MULLER.

Tu as raison, mon garçon ! Il y a des heures où il faut savoir se taire et je tâcherai de ne pas l'oublier.

JEANNE.

Et maintenant, mon père, je vous laisse...... avec Pierre...... (*Elle va jusqu'à la porte et se retourne au moment de sortir*).
...... Il a quelque chose à vous dire.

SCÈNE VIII.

MULLER, PIERRE.

MULLER.

Que dit-elle ? Tu as à me parler, Pierre ?

PIERRE.

Oui, Monsieur Muller (*à part*) Voici le moment.
(*Il fait vivement quelques pas dans la direction du maître*

***

d'école). Monsieur Muller, je.. .. je viens vous demander la main de votre fille.

MULLER.

Ah bah ! comme cela..... tout d'un coup ! Tu ne fais pas de longs discours, toi !

PIERRE.

C'est que..... voyez-vous, cher maître..... je l'aime tant votre Jeanne que je ne trouve plus de mots pour vous exprimer mon désir de la rendre heureuse.

MULLER (*d'une voix grave*).

Écoute, mon enfant, je ne m'attendais pas à une demande aussi..... brusque Je me suis bien aperçue depuis quelque temps que ma fille et toi n'étiez pas indifférents l'un à l'autre. Et..... faut-il le dire, j'avais parfois songé que tu serais un gendre selon mes vœux.....

PIERRE.

Eh bien !... alors !... monsieur Muller... vous consentez ?

MULLER.

Avant de te répondre, écoute-moi bien, Pierre ! Quand la guerre éclata, j'avais deux fils, deux êtres bons et dévoués qui m'entouraient de soins et de tendresses. L'un avait alors dix-huit ans, l'autre vingt ans... ton âge Pierre. Quand toute la jeunesse de France alla prendre place autour de l'étendard aux trois couleurs, autour du drapeau de la grande aïeule, mes fils firent comme les autres et s'engagèrent.

Je leur dis en partant: Faites votre devoir, tout votre devoir.

Ils se firent tuer !

Depuis cette époque, mon cœur saigne à ce souvenir et mes fiertés de patriote ne m'ont pas encore consolé de mes douleurs de père.

PIERRE.

Je sais cette histoire, maître. Tout le monde au pays la connaît.

MULLER.

Eh bien, mon enfant, tu vas comprendre ce qu'il me reste à te dire. Tu viens d'avoir vingt ans, et bientôt l'heure de la conscription sonnera pour toi. Tu devras aller comme les jeunes gens de ton âge, tirer au sort, et la fatalité des choses t'appellera sous la bannière que surmonte l'aigle noir. Je te demande, Pierre, de ne pas attendre cette époque et de franchir avant, la frontière.

PIERRE.

Maître...

(Jeanne entre à ce moment).

MULLER.

Tu comprends bien, n'est-ce pas, que le mari de ma fille ne peut pas revêtir l'uniforme des meurtriers de mes fils.

———

SCÈNE IX.

Les Mêmes, JEANNE.

JEANNE.

Je suis bien certaine que Pierre m'aime trop pour ne pas penser comme vous, mon père.

PIERRE (*à part*).

Grand Dieu ! Je sentais bien que le malheur plânait sur moi... Et le malheur est venu.

MULLER.

Eh bien ! Pierre... qu'as-tu à répondre ?... mon fils !

PIERRE.

J'ai... j'ai que je voudrais être mort, puisque je ne puis pas faire ce que vous me demandez !

JEANNE.

Ciel ! que dit-il !

MULLER.

J'ai mal entendu... ou Pierre aura mal exprimé sa pensée.

PIERRE.

Hélas ! vous avez bien entendu ! J'ai dit que je ne pouvais pas faire ce que vous me demandiez... que je ne pouvais pas, à ces conditions, être le mari de Jeanne.

Et j'ai pu penser un instant, pauvre fou que j'étais, que je n'avais qu'à étendre la main pour avoir, comme tant d'autres, ma part de bonheur.

MULLER.

Mais, mon pauvre Pierre, tu déraisonnes ! Ce bonheur que tu espérais, tout-à-l'heure encore, qui te force à y renoncer ?

PIERRE.

Ah ! vous ne savez pas, vous ne pouvez pas savoir ce que je souffre ! Croyez-vous donc que ce soit par l'effet d'un caprice subit que je renonce ainsi à celle que j'aime plus que ma vie. Non ! vous ne le pensez pas et vous sentez bien qu'il y a autre chose derrière mon refus... une chose que je ne puis dire.

J'assiste, en ce moment, à l'écroulement de mes espérances, à l'envolée de doux rêves longtemps caressés. Et c'est quand j'allais toucher au port, quand le paradis paraissait s'entr'ouvrir pour moi, que je me vois de nouveau, rejeté dans le néant, sans avoir maintenant la pensée qui console, l'espérance qui soutient et fait vivre.

MULLER.

Mais... en vérité, je ne comprends plus ! Tu n'as pourtant pas l'intention d'aller servir dans les rangs...

PIERRE.

Ah ! ne m'accablez pas ! Je vous en supplie !

MULLER.

Malheureux ! Et tu viens me demander ma fille ! Tu viens, toi... Pierre Stein, dont la mère est morte en maudissant...

PIERRE.

Ah ! ne parlez pas de ma mère ! Par grâce, taisez-vous.

MULLER *(avec accablement)*.

Et j'ai été son maître d'école ! J'ai été, pendant de longues années, l'homme chargé d'instruire cette conscience, de lui faire comprendre ses devoirs envers la sainte Patrie, celle dont le souvenir est toujours là. *(Il appuie la main sur son cœur)*. Et voilà le cas qu'il a fait de mes leçons !

JEANNE.

Mon père ! Je vous en prie, calmez-vous ! Il y a là-dessous, Pierre vous l'a dit tout-à-l'heure, un mystère qu'il nous cache, mais je connais trop le cœur de mon ami pour le croire indigne.

PIERRE.

Bonne Jeanne ! Elle me défend !

MULLER.

Ah ! Je ne sais que penser ! Je te laisse seule avec lui ; tache de savoir ce qui se passe dans cette cervelle. Quant à moi, je ne veux rien approfondir... J'ai peur de trouver au fond de tout cela, trop de honte.

(Il sort).

SCÈNE X.

JEANNE, PIERRE.

JEANNE *(elle s'approche de Pierre et s'appuie sur son épaule).*

Pierre... mon bon ami ! quelle chose terrible me caches-tu donc, à moi, qui, tout-à-l'heure encore, pensais être bientôt ta femme ?

PIERRE.

De grâce ! Jeanne !... ne me le demande pas. Il y a dix ans que je me tais, dix ans que ce secret me ronge et... je n'ai pas encore acquis le droit de parler.

JEANNE.

Mais pourtant, mon pauvre Pierre, tu savais bien cela avant de demander ma main. Pourquoi m'as-tu dit des paroles d'amour, si ces paroles ne devaient jamais avoir de consécration.

PIERRE.

Je n'avais pas songé à la condition imposée par ton père.

JEANNE.

Cette condition est-elle donc si pénible que tu ne puisses l'accepter ? Vivre à l'étranger ou vivre ici, que t'importe ! si tu regrettes le village natal, n'auras-tu pas mon dévouement pour te soutenir dans la vie, mon amour pour te consoler !

PIERRE.

Ah ! je t'en supplie, Jeanne, n'augmente pas mon désespoir ! Au moment de te perdre à jamais, je sens mon cœur se briser. J'ai des envies folles de me broyer la tête contre la muraille, et pourtant,... j'ai besoin de tout mon courage, car il faut que je vive.

JEANNE.

Pierre ! Je ne te demande plus rien ! Je te plains et je t'aime ! Quoi qu'il puisse arriver, je ne serai jamais à un autre qu'à toi. Je t'attendrai, car la fatalité qui nous sépare aujourd'hui, n'existera peut-être pas toujours.

PIERRE.

Ah ! chère âme ! que tu me fais de bien en me parlant ainsi ! Tu m'attendras, dis-tu ?... Combien de temps, hélas !

JEANNE.

Je t'attendrai, Pierre, et si nous ne devons jamais être l'un à l'autre, la mort me trouvera t'attendant encore. *(Pierre saisit Jeanne et l'embrasse longuement).*

(On frappe).

JEANNE *(se dégageant).*

On a frappé, je crois !...

PIERRE.

Ce doit être le fonctionnaire allemand dont la visite est annoncée.

JEANNE.

C'est juste ! Reçois-le, Pierre. Dans l'état d'esprit où est mon père, je préfère qu'il ne le voie pas aujourd'hui.

PIERRE.

C'est bien. (*Il va vers la porte*)

JEANNE.

Je vais rejoindre mon père. Te reverrai-je tout-à-l'heure ?

PIERRE.

Non, Jeanne ! monsieur Muller ne doit pas me retrouver ici.

(*On frappe de nouveau*).

JEANNE.

Alors, adieu !... A bientôt, j'espère ! (*Elle sort et se retourne pour envoyer à Pierre un baiser du bout des lèvres. — Pierre va ouvrir*).

SCÈNE XI.

PIERRE, FISCHER.

FISCHER.

Frantz Muller est-il là ?

PIERRE.

Non, monsieur, mais... à moins que vous n'ayez absolument besoin de le voir ce soir, je pourrai lui dire les motifs de votre visite.

FISCHER.

C'est au magister lui-même, que je veux avoir affaire.

PIERRE.

En ce cas, vous ferez sagement en ajournant votre visite à demain. M. Frantz Muller est un peu souffrant à ce que j'ai entendu dire.

FISCHER.

Cela signifie, si je ne me trompe, que l'on n'est pas pressé ici, de recevoir ma visite. D'ailleurs, je comprends cela! Un maître d'école qui, au lieu de remplir avec zèle ses devoirs, passe son temps à méditer sur le passé et à se plaindre du présent.

PIERRE.

Qui a pu vous dire cela?

FISCHER.

Il suffit! Je sais à quoi m'en tenir sur le compte de cet instituteur étrange qui ne sait même plus la géographie quand il parle de l'Alsace à ses élèves.

PIERRE.

Monsieur Muller est un honnête homme et un savant. Tout le monde ici l'aime et l'estime.

FISCHER.

Un honnête homme! ce magister qui ne cesse de protester contre l'application des lois. Il n'en faudrait pas beaucoup de cette trempe en Alsace-Lorraine, pour pervertir le sens moral des populations et fausser les idées de la jeunesse.

PIERRE.

Pourtant...

FISCHER.

Mais, Dieu merci! Je viens d'arriver et tout cela va changer.

PIERRE.

Je crois, monsieur, que vous auriez tort de vous

montrer sévère. Notre village a eu beaucoup à se plaindre pendant la dernière guerre. A cette époque, bon nombre d'enfants du pays sont devenus orphelins, bon nombre de mères de familles pleurent encore aujourd'hui leurs fils. Des souvenirs du genre de ceux-là s'effacent difficilement de la mémoire. Les blessures du cœur sont profondes, et il faut parfois bien du temps pour en cicatriser les plaies.

FISCHER.

Je ne connais pas d'idée que l'on ne puisse arracher d'une cervelle humaine avec du temps et de l'énergie.

PIERRE.

Il y a plus d'un siècle qu'une ancienne colonie française, le Canada, fut abandonnée à l'Angleterre, et on est encore là-bas, aussi français aujourd'hui, que dans n'importe quel département de France.

FISCHER.

Vous êtes bien savant, pour un paysan.

PIERRE.

Je suis un des élèves de M. Muller.

FISCHER.

C'est bien cela ! Voilà ce qu'il enseigne, ce maître d'école modèle !

PIERRE,

Il ne peut pourtant pas dénaturer l'histoire, pour faire plaisir à ceux que l'histoire peut gêner.

FISCHER.

Assez ! je ne sais vraiment pas pourquoi je perds mon temps à discuter avec ce jeune cadet.

Puisque je ne puis pas voir cet étonnant instituteur, veuillez l'avertir que je veux recevoir dès demain, la liste de tous les jeunes gens de la commune inscrits sur les rôles de la conscription.

PIERRE.

On lui transmettra votre désir, Monsieur.

FISCHER.

Ce n'est pas un désir, c'est un ordre.

SCÈNE XII.

LES MÊMES, BRIGITTE.

BRIGITTE (*à part*).

En voilà un paroissien qui n'a pas l'air d'être cómmode.

FISCHER (*avec hésitation*).

Et........., dites-moi. Il y a longtemps que vous habitez cette commune ?

PIERRE.

J'y suis né, Monsieur, et je n'ai quitté ce pays que trois fois pendant ces dernières années, pour y revenir chaque fois, d'ailleurs, après une absence de quelques mois.

FISCHER.

Vous alliez chercher du travail autre part ?

PIERRE.

Non, Monsieur ! Je cherchais..... autre chose.

FISCHER.

Alors, vous connaissez bien les êtres de la commune, et vous allez pouvoir me renseigner.

PIERRE.

Parlez, Monsieur.

FISCHER.

Est-ce qu'il y a toujours , à un kilomètre environ
du village , en allant de ce côté (*il étend le bras*), une
ferme située sur la droite de la route , et faisant face à
des bois de sapins ?

PIERRE (*surpris*).

La ferme des Bordes !......... Oui Monsieur ......
Cette ferme est toujours là.

FISCHER.

Et............ la fermière ?

PIERRE.

La fermière est morte depuis longtemps déjà.
Pendant l'année qui suivit la guerre , la pauvre
femme descendit dans la tombe............ Mais pourquoi me demandez-vous cela ?

(*Il fait un pas vers Fischer, qu'il regarde
anxieusement*).

FISCHER.

Pour me renseigner, voilà tout.

PIERRE.

Vous connaissiez donc cette fermière ?

FISCHER.

Il me semble , jeune homme , que vous m'inter-
rogez.

BRIGITTE (*qui depuis un instant regarde Fischer*).

Je ne sais pas si j'ai la berlue , mais je crois bien
que j'ai déjà vu Monsieur par ici.

FISCHER (*tressaillant*).

C'est possible.

BRIGITTE.

Mais il y a bien longtemps............, au moins dix
ans , n'est-ce pas ?

FISCHER.

Peut-être bien.

BRIGITTE (*le regardant toujours*).

Pendant l'année fatale ?

FISCHER.

Qu'est-ce à dire et qu'appelez-vous l'année fatale ? L'année glorieuse, voulez-vous dire, l'année de nos succès et de nos triomphes.

BRIGITTE.

Eh oui ! J'y suis maintenant ! Vous étiez l'officier commandant le détachement qui a séjourné ici.

PIERRE (*la main sur le cœur*).

Que dit-elle !

FISCHER.

Vous avez de la mémoire, bonne femme. Mes compliments !

PIERRE.

Mais alors !......... Vous êtes le lieutenant Fischer ?

FISCHER.

J'étais le lieutenant Fischer, mais depuis longtemps j'ai quitté l'armée.

PIERRE.

Ah ! Justice de Dieu ! je le trouve donc !

FISCHER (*recule, un peu interloqué*).

Que me voulez-vous ? Et qui êtes-vous ?

PIERRE (*ricanant*).

Qui je suis ?......... Je vais te le dire : Je suis un homme dont pas une des nuits ne s'est passée depuis dix ans sans songer à toi. Sans te connaître, je te cherchais......... Je te demandais sans cesse au Ciel ou à l'enfer. Et je crois bien que c'est l'Enfer qui vient de te jeter dans mes mains.

FISCHER.

Mais, ce jeune homme est fou !

PIERRE.

Fou ! Ah ! j'ai failli le devenir, en pensant que peut-être, je ne te rencontrerais jamais .... Mais, Dieu merci ! ...., tu es là, je te tiens et je te jure que tu ne m'échapperas pas.

FISCHER.

Je ne comprends rien à ce que vous me dites, et...

(*Il fait un pas pour sortir. Pierre lui barre la route*).

PIERRE.

Ecoute, — et tu vas comprendre : Il y a près de onze ans, dans la nuit du 7 décembre 1870, tu logeais à la ferme des Bordes, cette ferme que tu demandais tout-à-l'heure. Cette nuit-là vers deux heures du matin, la fermière, les cheveux épars, affolée de douleur, vint réveiller son fils, un enfant de dix ans qui dormait dans une pièce voisine, et lui dit : Lève-toi et viens !

L'enfant obéit et sa mère le conduisit dans sa chambre de veuve, la chambre de son époux tué deux mois avant, en combattant contre les tiens. Toi Fischer, tu étais là, vautré sur le lit du mort, la face congestionnée par l'ivresse, et riant de ce rire bestial et satisfait, des brutes qui viennent d'accomplir un forfait prémédité.

La fermière, tenant son enfant par la main, marcha lentement vers toi et dit :

— Mon fils ! regarde bien cet homme. Il vient d'outrager ta mère !

Te rappelles-tu cette scène ? misérable ! Ah ! tu dois t'en souvenir, car, malgré ton rire satanique, devant cet enfant qui te regardait avec des yeux terribles, tu devins blême et tu te mis à trembler comme un lâche.

Puis, tu crias : A moi Fritz ! et ton digne digne brosseur, un soudard de ta trempe, empoigna l'enfant et le jeta dehors pour t'éviter la trace de ses ongles sur le visage.

FISCHER.

Où voulez-vous en venir ?

PIERRE.

Je suis le fils de la fermière des Bordes......... Ne l'as-tu pas déjà deviné ? De cette malheureuse femme, morte de douleur et de honte, des suites de ton abominable crime. J'étais l'enfant dont alors tu as eu peur, et je suis maintenant l'homme qui va t'écraser comme on écrase une vipère.

FISCHER.

C'est bien ! J'ai compris, et quelle que soit la distance qui sépare le représentant du statthalter d'un simple paysan, je consens à vous faire l'honneur de croiser le fer avec vous.

PIERRE.

L'honneur ! as-tu dit ! Tu viens de prononcer ce mot, toi qu'on a chassé honteusement de l'armée comme un bandit.... comme un voleur ; toi qu'on a reconnu indigne de porter l'uniforme de soldat.

FISCHER (*vivement*).

Qui vous a dit cela ?

PIERRE.

Des officiers mêmes, de ton ancien régiment. Penses-tu donc que je n'ai pas tout fait pour savoir ce que tu étais devenu. Je croyais retrouver un jour ton nom inscrit sur les rôles d'une maison de force ou d'un bagne et, hasard merveilleux, je te revois fonctionnaire

civil, remplissant, ô dérision! un emploi de confiance.
Par quel subterfuge as-tu pu tromper ainsi le Gouverneur qui t'envoie? Le costume d'un gredin ressemble
fort, il est vrai, à celui d'un honnête homme, mais
ton nom, ton nom déshonoré..., en as-tu donc changé?

FISCHER.

Et si cela était?

PIERRE.

Et ce drôle parle de croiser le fer! Allons donc!
L'épée a quelque chose de noble qui ne convient point
aux misérables de ton genre. C'est avec un couteau,
entends-tu bien, que je vais faire justice!

FISCHER.

Un couteau! Vous voulez commettre sur ma personne un assassinat!...

PIERRE.

Non pas! Il me plaît que tu puisses te défendre. Je
ne suis pas de ta race!

*(Pierre prend sur la table servie un couteau et le
jette aux pieds de Fischer.)*

FISCHER *(armé)*.

Le dernier mot de cette histoire n'est pas encore dit.

*(Il s'élance vers la porte gauche l'ouvre et s'enfuit
quand Pierre en est à la moitié de la tirade
qui suit).*

PIERRE.

Ah! tu veux fuir! à ton aise.... Cette porte donne
sur la cour et les murailles de celle-ci sont assez hautes
pour que mon couteau trouve la place de ton cœur
avant que tu aies pu les franchir.

(Il s'élance dehors.)

BRIGITTE *(seule)*.

Mon Dieu! mon Dieu! que va-t-il arriver?

SCÈNE XIII.

BRIGITTE, MULLER, JEANNE.

MULLER.

Quant à cet amour que tu as au cœur, il faut l'en arracher. Maintenant, tu ne dois plus penser à cet homme.

JEANNE.

Vous êtes cruel, mon père !

BRIGITTE.

Faut-il leur dire.... ma foi, non ! Ils l'apprendront bien tout à l'heure.

MULLER (*à Brigitte*).

Et ce fonctionnaire allemand n'est pas revenu ?

BRIGITTE.

Non, monsieur.... c'est-à-dire.... si.... non.... (*à part*) Je ne sais que répondre.

MULLER.

Qu'avez-vous donc, Brigitte, vous paraissez bouleversée ?

(*A ce moment un cri aigu monte de la cour*).

JEANNE.

Mon Dieu Qu'y a-t-il ?

MULLER.

Je viens d'entendre un cri dans cette direction.

JEANNE.

Ciel ! Pierre se serait-il.... Ah ! il s'est tué, mon père !...

(*Elle s'élance vers la porte. Pierre paraît, l'air triste, abattu.*)

SCÈNE XIV.

LES MÊMES, PIERRE.

BRIGITTE.

Ah ! c'est l'autre !... Tant mieux !

JEANNE.

Pierre !... mon bon Pierre ! (*Elle s'élance vers lui.*)

PIERRE (*la repoussant légèrement*)

Ne me touchez pas, Jeanne ! Je viens de tuer un homme !

MULLER.

Que dit-il ?

PIERRE.

Je l'ai frappé en plein cœur.... Ah ! ma main n'a pas tremblé, je vous jure, et, du fond de sa tombe, ma pauvre mère doit être contente de son fils !

JEANNE.

Toi, Pierre.... tu viens d'assassiner ?... –

BRIGITTE.

Il n'a assassiné personne, puisque l'autre était armé comme lui.

MULLER.

Mais enfin.... j'attends l'explication.

PIERRE.

La voici, monsieur Muller : Le fonctionnaire allemand que vous attendiez est venu. Brigitte reconnut en lui l'ancien commandant du détachement qui séjourna ici pendant l'horrible guerre. Cet homme avait été la cause de la mort de ma mère et j'avais fait le serment, sur le cercueil de la chère morte, de la venger.

Je viens d'accomplir ma promesse ! Oh ! dans un
duel loyal, à armes égales, et je porte sur la poitrine
les traces du couteau du misérable.

JEANNE.

Tu es blessé ?...

PIERRE.

Oh peu de chose ! mais j'ai la joie au cœur et je ne
sens guère ma blessure.

MULLER.

Et que comptes-tu faire, à présent ? Tu vas être pour-
suivi comme meurtrier d'un fonctionnaire....

PIERRE.

J'ai caché le cadavre. On ne s'apercevra que demain
de sa disparition et quant on relèvera le corps on verra
bien qu'il s'est agit d'une lutte, car l'homme tient
encore, dans sa main crispée, le couteau avec lequel il
se défendait. Et puis, il y a autre chose, cet homme a
dû s'affubler d'un faux nom pour obtenir, à force d'ha-
bileté, un poste de fonctionnaire. Tout cela se décou-
vrira plus tard. Quant à moi, avant d'être inquiété je
serai loin. Cette nuit même, je passerai la frontière.

MULLER.

La frontière !... mais tu refusais tout à l'heure....

PIERRE.

Tout à l'heure, oui, car pour accomplir mon serment, je ne pouvais pas quitter l'Alsace. Insoumis, les
territoires annexés m'étaient interdits. C'est pourquoi
j'ai sacrifié mon amour à l'accomplissement de mon
devoir.

MULLER.

Mais alors.... pourquoi ne m'avoir pas dit la vérité?

PIERRE.

Je devais me taire. Je l'avais juré pour que rien ne

put me détourner de la promesse solennelle faite sur
une tombe. Et maintenant, monsieur Muller…., je vais
partir…. Oubliez-moi. Et toi…., Jeanne, prie quel-
quefois pour ton ami qui, lui aussi, ne t'oublieras
jamais.

MULLER.

Tu ne partiras pas seul, Pierre ! Puisque tu dois
passer la frontière, cette nuit, nous la passerons
ensemble. N'est-il pas vrai, ma fille ?

JEANNE.

Ah ! mon père !… Vous êtes bon,

BRIGITTE.

En ce cas, je vais faire mes paquets parce que vous
comprenez bien que je ne vous quitte pas.

PIERRE.

Eh quoi !… monsieur Muller…. j'ai bien entendu,
vous consentez ?…

JEANNE.

Mais oui…. nous partirons tous avec toi.

PIERRE.

Ah ! chère Jeanne… cher maitre ! Me pardonnerez-
vous de vous arracher à votre foyer et de vous entraîner
avec moi dans mon exil ?

MULLER.

Mon fils, l'exil c'est ici. La Patrie c'est la France !

(*Rideau.*)

Lille Imp. L. Dansl.

9 782019 975890